AF534935

Steffen Raßloff & Lutz Gebhardt

Die Landgrafen von Thüringen
Geschichte und Sagenwelt

Rhino Westentaschen-Bibliothek
Band 55

Steffen Raßloff & Lutz Gebhardt

Die Landgrafen von Thüringen

Geschichte und Sagenwelt

RHINOVERLAG

Trotz gewissenhafter Bearbeitung kann eine Haftung für den Inhalt nicht übernommen werden. Für aktuelle Ergänzungen und Anregungen ist der Verlag jederzeit dankbar.
Wir bedanken uns bei allen, die uns unterstützt haben.

Fotos: Seite 6/7: Lencer, Smial; Seite 9: Bräunlich, Jena; Seite 12: kramer96 (CC-BY-SA 3.0); Seiten 14–19, 44, 53, 56/57, 60, 68/69, 79, 84/85: Dr. Lutz Gebhardt; Seite 26: Hajotthu (CC-BY-SA 3.0); Seiten 30, 49: Wolfgang Sauber (CC-BY-SA 4.0); Seite 32: Tnemtsoni (CC-BY-SA 3.0); Seite 38/39: Moritz Grenke (CC-BY-SA 3.0); Seite 40/41: Henry Czauderna; Seite 43: Nikanos (CC-SA 1.0); Seite 46: Samuel Reyher; Seite 54/55: Matthäus Merian der Ältere; Seite 64/65: Moritz von Schwind; Seite 71: CTHOE (CC-BY-SA 3.0); Seite 72: Metilsteiner (CC-BY-SA 3.0); Seite 74/75: Hydro (CC-BY-SA 4.0); Seite 76: M.J. (CC-BY-SA 3.0); Seite 86: Z thomas (CC-BY-SA 4.0); Seite 89: Bhuck (CC-BY-SA 3.0); Seite 92: Rainer Salzmann, Wartburg-Stiftung

Rückseite: Wappen der Ludowinger und Wappen des Freistaates Thüringen

Impressum

© 2017 RhinoVerlag Dr. Lutz Gebhardt & Söhne GmbH & Co. KG
Am Hang 27, 98693 Ilmenau
Tel.: 03677 / 46628-0, Fax: 03677 / 46628-80
www.RhinoVerlag.de

Alle Rechte vorbehalten.
Nachdruck, Vervielfältigung und Verbreitung – auch von Teilen – bedürfen der ausdrücklichen Genehmigung des Verlages. Das gilt insbesondere für Übersetzungen, Mikroverfilmungen und die Einspeicherung und Verbreitung in elektronischen Systemen.

Titelbild: Grabplatte von Ludwig dem Springer; Linear77
Layout, Satz: Verlag *grünes herz*®, Sibylle Senftleben & Eric Vogler
Schrift: Garamond
Titelgestaltung: Jana Rogge, Weimar

1. Auflage 2017
ISBN: 978-3-95560-055-6

Inhaltsverzeichnis

Machtvolle Herscher und sagenhafte Identitätsstifter

Thüringen besitzt so wohlklingende Beinamen wie „Kernland der Reformation“, „Heimat der Bache“, „Land der Klassik“ und „Wiege der Moderne“. Das traditi-

Die Wartburg

onsreiche Kulturland um die UNESCO-Welterbestätten Wartburg und Weimar, um die Wirkungsorte Luthers, Bachs, Goethes und des Bauhauses, war jedoch bis ins 20. Jahrhundert hinein kein einheitliches Staatsgebilde. Vielmehr ist es oft als Inbegriff deutscher Kleinstaaterei mit bis zu 30 souveränen Herrschaften belächelt worden. Die jüngere Geschichtsschreibung hat diese negative Sicht korri-

giert. Aus der Perspektive des zwischen 1920 und 1990 schrittweise vereinten Freistaates Thüringen überwiegt ohnehin das Positive: Fürstliche Repräsentation bescherte dem „Land der Residenzen" prächtige Schlösser, Parks, Museen, Bibliotheken und Theater in einmaliger Dichte, machte es zum Synonym des Landes der Dichter und Denker. Zudem gab es einen glanzvollen historischen Bezugspunkt, der die Region neben dem frühmittelalterlichen Königreich der *Thoringi* als Einheit im kollektiven Bewusstsein fest bewahrte: die Landgrafschaft Thüringen der Ludowinger im 12. und 13. Jahrhundert. Die Ludowinger hatten als eines der mächtigsten Fürstengeschlechter des Reiches große Teile Thüringens unter ihrer Herrschaft vereint. Als vom Kaiser belehnte Landgrafen standen sie über den sonstigen Herrschern der Region und gaben ihr eine feste politische Klammer. Hiervon zeugen bis heute die prachtvoll ausgestatteten Herrschaftssitze, allen voran die Wartburg bei Eisenach, die Neuenburg bei Freyburg, die Runneburg in Weißensee und die Creuzburg, sowie als geistliches Zentrum das einstige Kloster Reinhardsbrunn bei Friedrichroda.

Grabplatten der Thüringer Landgrafen, ehemals an der Westwand der Schlosskapelle Reinhardsbrunn, Fotografie von 1891

Erst nach dem Aussterben der Ludowinger 1247 entwickelte sich Thüringen allmählich zur Kleinstaatenwelt. Maßgeblich hieran beteiligt waren die meißnisch-sächsischen Wettiner, die das landgräfliche Erbe antraten und später mit ihrer ernestinischen Linie in mehrere Herzogtümer aufsplitterten. An die glanzvolle Landgrafenzeit konnte das jüngere thüringische „Nationalbewusstsein" anknüpfen, wie es sich seit dem 19. Jahrhundert parallel zum deutschen Nationalismus immer deutlicher

Wappen der Ludowinger

Wappen des Freistaates Thüringen

ausprägte. Auch der heutige Freistaat Thüringen greift jene historische „Einheit in der Vielfalt“ in seinem 1991 eingeführten Landeswappen symbolisch auf: Es umgibt den rot-silber gestreiften, golden bewehrten und gekrönten Bunten Löwen der Ludowinger auf lasurblauem Schild, der als Landgrafenwappen bis ins späte 12. Jahrhundert zurückreicht, mit acht silbernen Sternen. Letztere stehen für die ehemaligen Kleinstaaten und preußischen Gebiete. Die Landesverfassung verabschiedete der Landtag 1993 feierlich auf dem berühmtesten Landgrafensitz, der Wartburg bei Eisenach. Auch in der öffentlichen Erinnerungskultur rangieren die Landgrafen weit vorn. Landgräfin Elisabeth von Thüringen etwa wurde 2007 durch die 3. Thüringer Landesausstellung als Heilige von europäischem Format eindrucksvoll ins öffentliche Bewusstsein gerückt.

Die mittelalterliche Glanzzeit der Ludowinger fand auch in der Sagenwelt breiten Niederschlag. Die Sagen von Ludwig dem Springer, vom Bau des Klosters Reinhardsbrunn und der Wartburg, über den Schmied von Ruhla, den Sängerkrieg auf der Wartburg und die Heilige Elisabeth trugen zum historischen Gemeinschaftsbewusstsein der Thüringer wesentlich bei. Einer der wichtigsten deutschen Sagensammler war der Meininger Schriftsteller und Bibliothekar Ludwig Bechstein (1801–1860). Mit seinem mehrfach aufgelegten „Thüringer Sagenbuch“ hat er maßgeblich die Überlieferung befördert. Unter den dort mehr als 400 zusammengetragenen Sagen zählt er die Geschichten der Landgrafen „zum schönsten Poesiekranze, den das Thüringerland aufzuzeigen hat“. Die Sagen sind auch vielfach künstlerisch

Bechsteinbrunnen im Englischen Garten, Meiningen

aufgegriffen worden. Allein der „Sängerkrieg“ findet sich nicht nur auf einem der berühmten Fresken Moritz von Schwinds auf der Wartburg, sondern auch in der Literatur (Novalis, E. T. A. Hoffmann) und Musik, allen voran in Richard Wagners Musikdrama „Tannhäuser und der Sängerkrieg auf Wartburg“ (1843).

Im heutigen Bild des Kulturlandes Thüringen stellt die Landgrafenzeit die erste bedeutende Erinnerungsschicht dar, um die sich später viele weitere anlagern sollten. Ähnliches gilt für die UNESCO-Welterbestätte Wartburg als Landgrafensitz und Sinnbild einer mittelalterlichen Höhenburg. Die Sagen haben hierzu erheblich beigetragen. Deshalb sollen in diesem Buch erstmals die Geschichte der ludowingischen Landgrafen und deren Spiegelung im Sagenschatz Thüringens vereint werden. Die Geschichte wird nach bestem Wissen und Gewissen der heutigen Forschung entlehnt, die Sagen geben jeweils eine populäre Kurzfassung der teils weit verzweigten und in verschiedenen Fassungen überlieferten Erzählungen.

Die Anfänge der Ludowinger

Ludwig der Bärtige, Skulptur am Nikolaitor in Eisenach.

Thüringen war unter dem ersten deutschen Herrscherhaus der Ottonen im 10. und 11. Jahrhundert ein wichtiger Kernraum der königlichen Reichsgewalt. Mit deren schrittweisen Rückzug unter den Saliern erstarkten die Herrschaften des regionalen Adels. So begann auch der Aufstieg jenes Geschlechtes, das in der Stauferzeit als Landgrafen von Thüringen zwischen 1131 und 1247 große Bedeutung erlangen sollte.

Die nach dem Vornamen ihrer erstgeborenen männlichen

Vertreter bezeichneten Ludowinger stammten als Nebenlinie der Grafen von Rieneck aus dem Rhein-Main-Raum und hatten sich unter Ludwig dem Bärtigen um 1040 bei Friedrichroda am Nordhang des Thüringer Waldes angesiedelt. Jene kleine Rodungsherrschaft rund um die heute nicht mehr existierende Schauenburg oberhalb Friedrichrodas bildete den Ausgangspunkt für eine rasante Expansion. Die fränkischen „Neulinge" überflügelten innerhalb weniger Generationen alle

Zentrum von Friedrichroda

Reste der Schauenburg bei Friedrichroda

eingesessenen Grafengeschlechter. Den Grundstein hierfür legte Ludwig der Bärtige. Er konnte durch Heirat mit der begüterten Grafentochter Cäcilie Gebiete um Sangerhausen erwerben und drei Töchter mit regionalen Adligen verheiraten. Er verstarb nach unterschiedlichen Quellenangaben 1056 oder 1080.

Schon jener „Ludwig mit dem Barte" taucht in der thüringischen Sagenwelt auf. Sie schreibt ihm bereits zwei Generationen vor der tatsächlichen Erhebung seines Geschlechtes eine landgrafenähnliche Machtstellung in Thüringen zu. In Bechsteins

Sagenbuch liest man, der Mainzer Erzbischof habe ihn 1036 zu einem „Vizthum des Landes“ gemacht und „allen Grafen, Freien, Rittern und Knechten, Bürgern und Bauern geboten, ihm Folge zu leisten“. Selbst das erst im späten 12. Jahrhundert unter Landgraf Hermann I. historisch belegte „alte Wappen von Thüringen und Hessen“, den „bunten Leuen von vier rothen und vier weißen Stücken in einem blauen Felde“, soll bereits Ludwig vom Kaiser verliehen worden sein. Hieraus mag das große Ansehen jenes Spitzenahnen der Ludowinger sprechen, auch wenn dessen reale Position noch deutlich bescheidener gewesen sein dürfte.

Reste der Schauenburg bei Friedrichroda

Ohnehin nahm sich die Sage gerne solcher frühen Herrschergestalten und Erinnerungsorte an. Das gilt auch für die Schauenburg, den ersten Stammsitz der Ludowinger. Mit Erbauung der Wartburg rasch an Bedeutung verlierend und nur noch Schutzburg des Klosters Reinhardsbrunn, ist sie wohl schon am Ende des thüringischen Erbfolgekrieges 1247/64 aufgegeben worden. Heute erinnert nur noch das Plateau mit bearbeiteten Felspartien an die Burg, die als geschütztes Bodendenkmal durch einen der vielen Wanderwege rund um den beliebten Luftkurort erreichbar ist. Umso glanzvoller erscheint sie in der Sage als „stattliche Burg auf dem Berg über Friedrichrode", nach deren Fertigstellung Ludwig der Bärtige ausgerufen haben soll: „Nun schaue, welch eine Burg!" Auch der Vorgänger der Wartburg weckte im 19. Jahrhundert neues Interesse und wurde etwa durch eine sinfonische Dichtung „Von der Schauenburg" (1894) des Berliner Komponisten Max Wagner musikalisch gewürdigt.

Informationstafel auf der Schauenburg bei Friedrichroda

Ludwig der Springer

Dem sagenumwobenen Sohn Ludwigs des Bärtigen, Ludwig dem Springer (1080–1123), gelang der weitere Ausbau der verstreuten Güter- und Herrschaftskomplexe. Wiederum durch Heirat kamen Besitzungen an der Unstrut um Freyburg an die Ludowinger. Mit der Wartburg bei Eisenach (um 1080) und der Neuenburg bei Freyburg (um 1090) schuf Ludwig die zwei wichtigsten Herrschaftssitze, die zusammen mit der Schauenburg und Sangerhausen den Herrschaftsbereich rund um das Thüringer Becken verklammerten. Mit dem Benediktinerkloster Reinhardsbrunn bei Friedrichroda (1085) legte er

Ludwig springt von der Burg Giebigenstein in die Saale.

auch den Grundstein für das wichtigste geistliche Zentrum der Ludowinger und deren Grablege.

Die Sage vom Kloster Reinhardsbrunn

Als Ludwig der Springer nach seiner Flucht aus dem Gewahrsam der Burg Giebichenstein wieder nach Thüringen kam, wollte er seine Sünden büßen und fragte zwei Mönche, was er tun solle. Diese rieten ihm ein Kloster zu bauen und sich dorthin zurück zu ziehen. Das wollte er gern tun und begab sich auf die Suche nach einem geeigneten Platz.

Unweit seiner Schauenburg bei Friedrichroda hatte ein Töpfer namens Reinhard sein Haus, in dessen Nähe ein Brunnen sprudelte. Seit geraumer Zeit sah der Töpfer über dem Brunnen des Nachts zwei Lichter leuchten, über die er sich gar sehr wunderte.

Sobald er aber hinging, um nach den Lichtern zu sehen, waren sie verschwunden; ging er zurück, leuchteten sie an alter Stelle. Auch Ludwig erfuhr von dem Wunder und besuchte den Töpfer in der Nacht. Er konnte sehen, dass die Lichter wieder über den Brunnen leuchteten. Ludwig interpretierte das als ein Fingerzeig Gottes und lies an dieser Stelle sein Kloster errichten und gab ihm nach dem Töpfer den Namen Reinhardsbrunn. Wo das eine Licht brannte, wurde das Kloster errichtet und an der Stelle des anderen wurde die St.-Johannis-Kapelle gebaut. Ludwig der Springer trat als Mönch in das Kloster ein und vermacht ihm die Schauenburg. Als er starb, wurde er im Kloster, das nun auch landgräfliche Grabstätte wurde, bestattet.

Als Ludwig der Eiserne starb und die Trauerglocken des Klosters zum dritten Mal läuteten, zog eine seltsame Gesellschaft durch den Wald. Es waren die Thüringer Ritter, die ihren gestrengen Herrn zu Grabe trugen. Der Landgraf hatte sie an seinem Sterbebett auf der Neuenburg versammelt und ihnen gesagt: „Da ich nun sterben

muss, sollt ihr mich auf euern Schultern nach Reinhardsbrunn tragen. Und ich rate euch dies auch zu tun, wenn euch euer Leben lieb ist." Da die Ritter den Toten wie den Teufel fürchteten, kamen sie seinem Willen nach und brachten ihn nach Reinhardsbrunn, so schwer ihnen der Weg auch fiel.

Schloss Reinhardsbrunn, 1890er-Jahre

Es verwundert nicht, dass Ludwig der Springer als bedeutendster Gründervater des ludowingischen Herrscherhauses so intensiv in die Sagenwelt eingegangen ist. Zudem gehen auf ihn auch die wichtigsten Symbolorte seines Geschlechtes zurück. Allen voran die Gründung der Wartburg, später zum nationalen Symbolort und Weltkulturerbe aufgestiegen, ist mit seinem Namen eng verknüpft. Das zuletzt 1967 anlässlich des 900. Jubiläums groß gefeierte Gründungsjahr 1067 gehört freilich ins Reich der Sage und wird unter anderem von Bechstein überliefert. Tatsächlich taucht die Wartburg in den historischen Quellen erstmals für 1080 auf und dürfte in dem Jahrzehnt zuvor entstanden sein. Bruno, der Bischof von Merseburg, erwähnt in seinem Buch vom Sachsenkrieg *De bello Saxonico* (1082) ein Heerlager König Heinrichs IV. am Fuße „einer Burg Namens Wartburg", das dort von gegnerischen Truppen überfallen worden sei. Die Gründung des Klosters Reinhardsbrunn spiegelt sich sogar auf Ludwigs Grabstein, auf dem der Graf in der linken Hand eine Kirche hält.

Festsaal auf der Wartburg, Oktober 1992

Die Sage von der Entstehung der Wartburg

Eines Tages, als Ludwig der Springer mit seinem Gefolge wieder einmal in den Wäldern zwischen seiner Schauenburg bei Friedrichroda und dem Inselsberg jagte, traf er auf ein kapitales Wild, dem er über Stock und Stein folgte, ohne auf seine Umgebung zu achten. Schließlich hatte er es doch verloren und lies sich nun ohne Ziel von seinem Pferd bis nach Niedereisenach tragen. Von der Kuppe eines nahen Berges betrachtet der Graf die herrliche Thüringer Landschaft und den schönen felsigen Berg, auf dem er stand. „Wart Berg, du sollst mir eine Burg tragen!" hören ihn die nachfolgenden Ritter der Jagdgesellschaft begeistert ausrufen.

Doch diese wenden ein, dass dies nicht möglich sei, weil der Berg den Herren von Frankenstein gehöre. Daran stört sich Ludwig wenig. In der Nacht lässt er Körbeweise Erde aus seinem Besitz auf den Berg tragen und verteilen. Sobald das geschehen war ließ Ludwig eine mit Palisaden bewehrte Burg errichten. Als die Frankensteiner Herren davon erfuhren, verklagten sie ihn beim Kaiser. Der Kaiser entschied, der Thüringer Graf dürfe nur auf eigenem Grund und Boden bauen. Da zog Ludwig mit zwölf Vasallen auf den Berg, wo diese ihre blitzenden Schwerter in den Boden stießen und gegenüber dem Kaiser schworen, dass Ludwig nur auf eigenem Grund und Boden gebaut habe.

Grabstein Ludwig des Springers, Georgenkirche Eisenach

In den Geschichten jenes zweiten überlieferten Ludowingers scheinen aber auch schlaglichtartig die oft recht skrupellosen Mittel politischen Machtgewinns auf – vom „kreativen“ Umgang mit fremdem Grund und Boden beim Bau der Wartburg bis hin zum Mord am sächsischen Pfalzgrafen. Letzteres wiederum soll mit dem Bau des Klosters Reinhardsbrunn gesühnt worden sein. Nur durch den Sprung von der Burg Giebichenstein bei Halle in die Saale habe er sich zuvor kaiserlicher Gefangenschaft und einem drohenden Todesurteil entziehen können. Ob freilich hiervon Ludwigs Beiname „der Springer“ stammt, ist wie die Begebenheit selbst eher ungewiss. Statt von lateinisch *saltator* (= der Springer) könnte er von *salicus* herstammen, da Ludwig dem fränkischen Stamm der Salier angehörte.

Auch andere Sagen, aus verschiedenen Quellen gespeist und über Jahrhunderte im Volk mündlich weitergetragen, spiegeln in ihrer fantasievollen Verarbeitung durchaus die Schattenseiten mittelalterlicher Herrscher oder idealisieren als Kontrast hierzu Lichtgestalten wie die Heilige Elisabeth. Ausgangspunkt sind oft Chroniken wie die Reinhardsbrunner Jahrbücher der Mönche des ludowingischen Hausklosters, die die Geschichte ihres Herrscherhauses nachgezeichnet haben.

Blick auf die Schönburg bei Naumburg

Die Sage von Ludwig dem Springer

Der Wettiner Pfalzgraf Friedrich III. war mit seiner schönen Gemahlin Adelheid auf Burg Goseck zuhause. Adelheid war ihrem Mann aber weniger zugetan, als dem Thüringer Grafen Ludwig, der in heißer Liebe zu ihr entbrannt war. Einzig und allein um seiner Angebeteten möglichst nah zu sein, ließ er sich die Schönburg am anderen Saaleufer errichten. Ludwig war in seinen Mitteln wenig wählerisch. Um die Geliebte an den eigenen Herd führen zu können, ließ er den Nebenbuhler umbringen. Nachdem das Trauerjahr vorbei war, wurde auf der Schauenburg groß Hochzeit gefeiert.

Doch die Freude war nicht von Dauer. Der Kaiser bekam Wind von dem unnatürlichen Tod des Pfalzgrafen und ließ Ludwig auf dem Giebichenstein bei Halle einkerkern. Und Adelheid war wieder allein. Da er für diese Tat nicht mit dem Leben davonkommen sollte, sann er, wie er freikommen könne. Ludwig stellte sich sterbenskrank und verlangte nach einem Schreiber, dem er seinen letzten Willen in die Feder diktieren wolle, da er sein letztes Stündlein herannahen fühle. Er bat auch darum, seinen Diener zu seiner Gattin Adelheid schicken zu dürfen, damit er ihr vom Zustand ihres Gemahls berichte. Den Diener aber beauftragte er, zu einer verabredeten Zeit mit dem weißen Hengst des Grafen an dem Ufer der Saale zu sein, das der Burg gegenüberlag. Auf seinem Lager wartete Ludwig nun

Tag und Stunde, da seine Getreuen kommen sollten. Als sie endlich bereitstanden, klagte er seinen Bewachern, dass er heftig fröre und sicher sein letztes Stündlein geschlagen habe. Er bat um seinen großen warmen Mantel und das Fenster zu öffnen, da es draußen jetzt im August wärmer sei als in dem kalten Gemäuer. Da schwang sich Ludwig aus dem Fenster und sprang mit einem mächtigen Satz hinab in die Saale. Die Luft fing sich in seinem Mantel, bauschte ihn auf, und dadurch wurde die Wucht des Aufpralls gemildert. Der Graf wurde von seinen Getreuen sofort in einen Kahn gezogen und ans andere Ufer gerudert. Dort schwang er sich auf sein Pferd und galoppierte in die Freiheit. Seit dieser Zeit wurde der Graf nur noch „Ludwig der Springer" genannt.

Burg Giebichenstein um 1900

Die Wartburg

Die Wartburg nahe Eisenach entwickelte sich nach ihrer Begründung um 1080 zum glanzvollen Herrschaftsmittelpunkt der Ludowinger. Um jene Höhenburg am Schnittpunkt der thüringischen und hessischen Besitzungen der Landgrafen ranken sich dementsprechend auch die meisten Sagen vom Bau durch Ludwig den Springer bis hin zur Heiligen Elisabeth.

Die Wartburg

Mit der Übersetzung des neuen Testamentes durch Martin Luther alias „Junker Jörg“ 1521/22 und dem Wartburgfest der Burschenschaften 1817 erlangte sie den Status eines nationalen Symbolortes. Im 19. Jahrhundert wurde die Burg mit ihrem bedeutenden romanischen Palas auf Initiative des Großherzogs von Sachsen-Weimar-Eisenach aufwändig rekonstruiert und künstlerisch ausgestaltet. Seit 1999 gehört sie zum UNESCO-Weltkulturerbe.

KLOSTER REINHARDSBRUNN

Der sagenhafte Graf Ludwig der Springer legte mit dem Benediktinerkloster Reinhardsbrunn bei Friedrichroda um 1085 den Grundstein für das wichtigste geistliche Zentrum der Ludowinger und deren Grablege. Die Mönche sorgten für das Seelenheil der Landgrafen und hielten unter anderem mit den Reinhardsbrunner Jahrbüchern auch deren Geschichte fest.

Im 19. Jahrhundert wurde das Kloster unter Herzog Ernst I. von Sachsen-Coburg und Gotha zu einem neogotischen Schloss (1826/27) mit englischem Landschaftspark umgebaut. Die imposanten Grabsteine der Landgrafen gelangten zunächst in die Schlosskapelle und befinden sich seit 1952 in der Georgenkirche in Eisenach.

Durch Heirat mit der Erbtochter der Grafen um Kassel und Marburg erreichte der gleichnamige Sohn Ludwigs des Springers die Ausdehnung des Besitzes nach Westen. Die Ludowinger verfügten nunmehr über die größte Herrschaft in Thüringen, die zudem weit in den hessischen Raum ausgriff. Um sie stärker an die Reichsgewalt zu binden und nicht völlig den Einfluss auf die Region zu verlieren, belehnte König Lothar von Supplinburg 1131 Ludwig mit der neu geschaffenen Würde eines Landgrafen von Thüringen. (Einige Quellen nennen als ersten Landgrafen Hermann von Winzenburg, der jedoch 1130 nach einem Mord alle seine Lehen verlor.) Wie ein Herzog über Grafen und sonstigen Herrschaften stehend, sollte Ludwig im Auftrage des Königs den Landfrieden sichern und höchstrichterliche Gewalt ausüben. So stand der Landgraf dem „Landding" Mittelhausen nahe Erfurt vor, das als zentraler Versammlungsort für die Rechtsprechung in Thüringen diente.

Der Bereich, auf den sich das Amt bezog, wurde als Provinz oder Land Thüringen bezeichnet.

Er entsprach im Wesentlichen dem verkleinerten Thüringen seit dem Untergang des mächtigen Königreiches der *Thoringi* 531/34, das noch weit über die heutigen Landesgrenzen hinausgereicht hatte. Hier scheint die alte landsmannschaftliche Einheit auf, die mit der Landgrafschaft Thüringen nun eine neue politische Klammer erhielt. Fortan sollte Thüringen als fester Begriff für die Region zwischen Harz und Thüringer Wald, zwischen Werra und Osterland Bestand haben. Auch in den späteren Jahrhunderten der Kleinstaaten ist er nie

Die Landgrafschaft Thüringen ragte weit nach Hessen bis Marburg hinein

Grabplatte Ludwigs I., Georgenkirche Eisenach

aus dem Bewusstsein der Bevölkerung und den historischen Quellen verschwunden. Nicht zuletzt dank des Sagenschatzes um die Landgrafen wurde das „Thüringerland" im historischen Gedächtnis bewahrt, ehe es sich im 20. Jahrhundert erneut als politische Einheit konstituierte.

Mit Ludwig I. (1131–1140), Schwiegersohn des Königs, stiegen die Landgrafen nun in den Kreis der mächtigsten Reichsfürsten auf. Ludwig II., der Eiserne (1140–1172) festigte die Bindung an das staufische Kaiserhaus nachhaltig durch die Heirat mit Jutta, einer Halbschwester Friedrichs I. Barbarossa. Unter Ludwig III., dem Frommen (1172–1190) erreichten die Ludowinger 1180/81 im Zuge der Entmachtung des Welfenherzogs und Barbarossa-Gegenspielers Heinrich dem Löwen erneut erheblichen Bedeutungszuwachs und bekamen die Pfalzgrafschaft Sachsen verliehen. Nach der verlorenen Schlacht von Weißensee 1180 war Ludwig zeitweilig in die Gefangenschaft Heinrichs des Löwen geraten. Letzterer hatte, wie damals zum Leidwesen der Bevölkerung üblich, große Teile Thüringens verwüstet, ehe er sich der kaiserlichen Mehrheit beugen musste.

Grabstein Ludwig der Eiserne

Die Landgrafen gehörten zu den nächsten, familiär eng verbundenen Beratern der staufischen Kaiser, nahmen wichtige Reichsgeschäfte wahr, zogen mit ihnen nach Italien und auf Kreuzzüge gegen die „Ungläubigen“ im Heiligen Land. Letzteres war freilich auch mit Risiken behaftet, starben doch immerhin zwei der sechs ludowingischen Herrscher als Kreuzfahrer. Ludwig III. wurde wegen seiner christlichen Tugenden schon in den zeitgenössischen Reinhardsbrunner

Jahrbüchern als der Fromme bezeichnet. Andere Quellen nennen ihn auch mit Blick auf sein gütliches Wesen den Milden. Gemeinsam mit seinem Onkel, Kaiser Friedrich Barbarossa, zog Ludwig 1188 nach Palästina, um gegen den legendären Sultan Saladin zu kämpfen, der Jerusalem erobert hatte. Nach vergeblichen Bemühungen starb Ludwig 1190 auf dem Seeweg zurück nach Italien, kurz nach Kaiser Barbarossa, der in einem kleinasiatischen Fluss ertrunken war. Ludwig IV. erlag 1227 bereits auf dem Weg ins Heilige Land im süditalienischen Otranto an einer fiebrigen Erkrankung.

Im Inneren festigten die Ludowinger ihre Stellung durch gezielten Landesausbau. Hierzu gehörte die Anlage von weiteren Burgen, vor allem der Creuzburg (um 1170) und der Runneburg in Weißensee (um 1170), zahlreiche Städtegründungen (Eisenach, Gotha, Creuzburg, Weißensee, Sangerhausen, Freyburg), Ausweitung der Herrschaftsrechte und eine große ritterliche Dienstmannschaft (Ministeriale). Gegenüber den Grafen und Adligen der Region verstanden sie es, sich als landgräfliche Vormacht zu behaupten.

Das reichsfürstliche Selbstverständnis zeigt sich auch in solchen demonstrativen Akten wie der Einführung von Hofämtern nach dem Vorbild des Königshofes durch Ludwig III. Enge Vertraute des Landgrafen begleiteten bei feierlichen Anlässen vier symbolische Ehrenämter: die *Schenken* von Vargula waren für die Getränke, die *Truchsesse* von Schlotheim für die Speisen, die *Marschälle* von Eckartsberga für die Pferde und die *Kämmerer* von Fahner für die Finanzen verantwortlich.

Die kraftvolle Dominanz in der Region durch den *Lantgravius Thuringiae* ist besonders durch Ludwig den Eisernen auch in die Sagenwelt eingeflossen. Die Sage vom Schmied von Ruhla kann als Plädoyer für einen tatkräftigen, die Ordnung im Lande bewahrenden Herrscher angesehen werden, zu dem sich Ludwig II. erst durch Impulse aus dem leidenden Volk entwickelt habe. Schließlich wegen seines energischen Herrschaftsstils bei vielen seiner Vasallen gefürchtet, ja sogar verhasst, sei er ständig zur Sicherheit in eisernem Harnisch einhergegangen. So ist er auch auf seinem Grabstein in der Eisenacher Georgenkirche zu sehen.

Ludwig der Eiserne mit Rüstung,
Grabstein in der Georgenkirche Eisenach

Die Sage vom Schmied von Ruhla

Landgraf Ludwig II. war in jungen Jahren ein milder Herrscher und nachsichtig gegen Jedermann. Das nutzten seine Landedelleute reichlich aus, missachteten seine Gebote und unterdrückten die Bauern und Handwerker. Sie wurden so ausgeplündert, dass sie kaum noch zum Leben hatten und das ganze Land unter dem Joch der Ritter stöhnte. Ludwig merkte von alledem nichts und jagte lieber in den weiten Wäldern des Thüringer Waldes. Als er wieder einmal den ganzen Tag über der Sau und dem Hirsch gefolgt war, überraschte ihn bei Ruhla die Nacht. Er gelangte zu einer Waldschmiede, wo das Feuer noch prasselte.

Er sei der Jäger des Landgrafen erklärte er dem Schmied und bat um ein Nachtquartier. „Pfui über ihn! Wer seinen Namen ausspricht sollte sich das Maul wischen!“ sagte der Schmied. „Um deines Herren Willen will ich dich nicht beherbergen, aber in dem Schuppen dort findest du Heu für dich und dein Pferd.“ Ludwig tat wie ihm geheißen, konnte aber die ganze Nacht nicht schlafen, da der Schmied unaufhörlich das Eisen bearbeitete. Als er näher heran trat hörte der junge Fürst, wie der Schmied, als er den schweren Hammer auf das glühende Eisen fallen ließ, immer wieder sagte: „Landgraf werde hart! Lass Gerechtigkeit gegenüber deinen Untertanen walten. Werde hart wie dieses Eisen.“

Am Morgen darauf ritt Ludwig nachdenklich davon. Als er wieder an seinen Hof gelangte, war er ein anderer geworden, nunmehr hart und energisch gegenüber seinen Vasallen, die das Volk unterjochten. Er kümmerte sich um alles was in seinem Land geschah, wandte sich gegen die widerspenstigen Ritter und entlastete das arme Volk. Der Landgraf wurde nun von seinen Edlen gefürchtet und auch gehasst. Einige trachteten ihm gar nach dem Leben. Daher trug er jetzt stets einen Panzer. Im Sinn und im Gewand hart geworden bedachte man ihn mit den Beinamen „der Eiserne".

Als den Landgrafen hinterbracht wurde, dass seine Vasallen sich nicht mit den neuen Verhältnissen abfinden wollten, zog er mit Heeresmacht gegen Sie. Bei Freyburg nahm er die lehenseidbrüchigen Rebellen gefangen. Statt ihnen die Köpfe

Ludwig der Eiserne lässt seine Edelleute pflügen

abzuschlagen oder sich an ihrem Besitz gütlich zu tun, wollte er ein Exempel statuieren und ihnen zeigen, wie hart die Feldarbeit der Bauern ist. Bis aufs Hemd ausgezogen spannte er die Edlen statt der Pferde vor den Pflug und ließ sie unter Peitschenschlägen Furche um Furche ziehen. So pflügte er einen ganzen Acker und nannte ihn den Edelacker, einen Namen, den er heute noch trägt. Die so gedemütigten Edelleute aber mussten ihm wieder aufs Neue Treue schwören und huldigen.

Die Klöster Reinhardsbrunn und St. Katharinen in Eisenach wurden reich ausgestattet. Vergleichbar dem staufischen Kaiserhaus demonstrierten die Landgrafen ihre Macht mit prächtigen Repräsentationsbauten, unter denen die Wartburg mit ihrem romanischen Palas (um 1170) und die Neuenburg mit ihrer reich ausgestatteten Doppelkapelle (um 1175) herausragen. Allerdings hat man das ältere Bild vom mächtigen hochmittelalterlichen „Territorialstaat" der Ludowinger differenziert, der keineswegs das ganze Land territorial erfasstc. Stets blieben die übrigen Grafen- und Herrenfamilien sowie der Mainzer Erzbischof teils erbitterte Konkurrenten, die ihrerseits beachtliche Herrschaftskomplexe aufbauen konnten. Nicht zuletzt das urbane Zentrum Thüringens, die aufblühende Handelsstadt Erfurt,

blieb den Landgrafen weitgehend verschlossen. Zum Territorium des Mainzer Erzbischofs gehörend, konnte sich die Bürgerschaft im 13. Jahrhundert reichsstadtähnliche Autonomie erringen.

Die autonome Mittelaltermetropole Erfurt blieb den Landgrafen verschlossen, Karte von 1650

Die Neuenburg

Die um 1090 begründete Neuenburg bei Freyburg an der Unstrut geht wie die Wartburg auf Graf Ludwig den Springer zurück. Er schuf damit den zweiten wichtigen Eckpfeiler ludowingischer Macht in Thüringen. Mit deren Aufstieg zu einem der einflussreichsten Fürstengeschlechter des Reiches erhielt auch die Neuenburg eine glänzende Ausstattung. Heraus ragt hierbei unter anderem die

um 1175 entstandene schmuckvolle Doppelkapelle. Auf der Neuenburg spielt auch eine der Sagen, die die Machtstellung der Landgrafen und ihre Nähe zum Kaiserhaus aufgreifen. 1171 habe Kaiser Barbarossa bei einem Besuch seines Schwagers Ludwig II. die zu geringe Stärke der Mauern bemängelt. Innerhalb einer Nacht soll darauf Ludwig seine gewappneten Gefolgsleute um die Burg versammelt haben, worauf der Kaiser ausrief: „Treue Mannen sind die beste Mauer!“

Hermann I. und die höfische Kultur

Den glanzvollen Höhepunkt der ludowingischen Landgrafschaft Thüringen bildete die Herrschaft Hermanns I. (1190–1217), Bruder des ohne männlichen Nachfolger verstorbenen Ludwigs III. Dabei war es weniger die politische Rolle, lavierend zwischen Staufern und Welfen, die Hermann einen exponierten Platz in den Geschichtsbüchern sicherte. Vielmehr liegen seine Verdienste in der Förderung der Kultur, als Mäzen und als künstlerisch veranlagter Herrscher. Die Landgrafschaft und alle übrigen Besitzungen konnte er zunächst gegen die Versuche König Heinrichs VI. behaupten, das Lehen einzuziehen und neu zu verleihen. Immer wieder galt es in blutigen Auseinandersetzungen besonders den Erzbischof von Mainz und die wettinischen Markgrafen von Meißen in die Schranken zu weisen.

In den fast zwei Jahrzehnte andauernden Thronstreitigkeiten zwischen Staufern und Welfen nach dem Tode Heinrichs VI. 1197 wechselte Hermann mehrmals die Seiten. Als bedeutender Reichsfürst

Landgraf Hermann von Thüringen und seine Gemahlin Sophie, Landgrafensalter (1211–1213)

Landgraf Hermann, Grabplatte in der Georgenkirche Eisenach

von beiden Parteien umworben, konnte er so seine Machtstellung in schwieriger Lage bewahren. Freilich geriet Thüringen dabei immer wieder in den Brennpunkt der kriegerischen Auseinandersetzungen, wobei Staufer und Welfen abwechselnd das Land verwüsteten. Auch die regionalen Grafen gelangten wieder zu mehr Selbstständigkeit. Das ältere Bild des wankelmütigen, opportunistischen Herrschers, der seine ehrgeizigen Ziele nicht wirklich erreichen konnte, ist von der jüngeren Forschung jedoch relativiert worden. Statt der engen Anbindung seiner Vorgänger an das staufische Kaiserhaus habe er unter veränderten Rahmenbedingungen eine konsequente Politik der landesherrlichen Autonomie verfolgt.

Der machtpolitischen Bilanz steht zudem die große kulturelle Blüte Thüringens gegenüber, die mit dem Namen Hermanns verbunden ist. Er galt schon unter den Zeitgenossen geradezu als Musterbild eines Reichsfürsten. Unter anderem am Hof König Ludwigs VII. von Frankreich erzogen, legte er großen Wert auf fürstliche Prachtentfaltung, die zugleich eine wichtige politische Funktion erfüllte. Die relativ bescheidenen Anfänge als kleines, nach Thüringen eingewandertes fränkisches Grafengeschlecht wurden nun dadurch kaschiert, dass sich die Ludowinger zu direkten Nachfahren Kaiser Karls des Großen erklären ließen.

Der sagenhafte „Sängerkrieg auf der Wartburg" (1206/07), Symbol für die am Landgrafenhof auf höchstem Niveau gepflegte ritterlich-höfische Adelskultur, ist weit über die Region hinaus im kollektiven Gedächtnis verankert. Als Rückschau auf diese Glanzzeit lässt die mittelhochdeutsche Spruchdichtung berühmte Minnesänger wie Wolfram von Eschenbach und Walther von der Vogelweide gegen fiktive Konkurrenten wie Heinrich von Ofterdingen und den Zauberer Klingsor in einem Sängerwettstreit antreten. Im Zuge der aufwändigen Rekonstruktion und künstlerischen Ausstattung der Wartburg unter Großherzog Carl Alexander von Sachsen-Weimar-Eisenach widmete Moritz von Schwind 1854 das größte seiner beeindruckenden Fresken im Palas dem „Sängerkrieg auf der Wartburg".

Die Sage vom Sängerkrieg auf der Wartburg

Da Ludwig III. ohne Söhne blieb fiel die Landgrafenwürde an Hermann, den dritten Sohn von Ludwig dem Eisernen. Hermann und seine Frau Sophia waren dem Gesang und der Dichtkunst sehr angetan. So kam es, dass im Jahr 1206 gleich sechs Meistersinger am Hofe weilten. Unter Ihnen so berühmte Leute wie Walther von der Vogelweide, Wolfram von Eschenbach und der Österreicher Heinrich von Ofterdingen. Wie üblich versammelten sie sich zum poetischen Wettstreit und sollten dieses Mal ein Lob auf edle Fürsten singen. Alle sangen das Loblied auf den Landgrafen, nur Heinrich von Ofterdingen stellte seinen Herrn, den Herzog Leopold von Österreich, über alle Fürsten, indem er ihn mit der Sonne verglich. Der Wettstreit nahm immer schärfere Formen an, bis man beschloss, der Verlierer sollte sich den Kopf abschlagen lassen. Nun sangen alle fünf gegen Heinrich und priesen den Thüringer Landgrafen als den Tag der schon begonnen hat, wenn die Sonne gerade

aufgehe, und erklärten sich als Sieger. Heinrich wehrte sich tapfer, aber gegen die Übermacht konnte er nichts ausrichten. Aber er beschwerte sich beim Landgrafen, dass hier mit falschen Würfeln gespielt werde und rief die Landgräfin um ihre Hilfe an, die ihn daraufhin unter ihren Schutz nahm. In seiner Not

Der Sängerkrieg, Fresko auf der Wartburg von 1854

beschwor Heinrich Meister Klingsor aus Ungarn als Zeugen für die Wahrheit seiner Verse. Wie sie nun nichts ausrichten konnten, gaben die anderen fünf Sänger nach und es wurde ausgemacht, dass Heinrich in Jahresfrist Klingsor beibringen solle um den Streit zu entscheiden. So reiste er nach Ungarn. Meister Klingsor war nicht nur der größte Sänger seines Landes, sondern verstand auch die Weissagung und beherrschte die Zauberkunst. Heinrich von Ofterdingen sang ihm sein Repertoire vor, was dem Meister wohl gefiel und er beschloss seinem Gast zu helfen. Das Jahr verging aber wie im Fluge, ohne dass Klingsor Anstalten machte zur Warburg zu ziehen. Als dann die letzten Tage der Frist anbrachen, dachte Heinrich, dass schon alles verloren sei, doch der Meister lächelte und gab ihm am Abend starken Wein zu trinken. Als er aus seinem tiefen Schlaf erwachte, befand er sich mit Klingsor in Eisenach. Die Rückkehr Heinrichs sprach sich wie ein Lauffeuer in Eisenach herum und die Streitenden und der Ungar fanden sich alsbald auf der Wartburg ein, wo Klingsor mit Geschenken vom Fürsten empfangen wurde. Am nächsten Tag bemühte sich Klingsor im Beisein des Landgrafen die Sänger zu versöhnen, in dem er bewies, dass der Tag von der Sonne komme, und wenn die Sonne die Erde nicht beleuchte, so wäre kein Tag. Seine Reden stimmten alle versöhnlich, sodass der Streit bald vergessen war.

Die Runneburg

Etwa auf halber Strecke zwischen den Machtstützen der Landgrafschaft, der Wartburg im Südwesten und der Neuenburg im Nordosten, liegt die Stadt Weißensee mit der Runneburg. Die um 1170 entstandene Burg, im Mittelalter Burg Weißensee genannt, bildete das strategische Rückgrat der Ludowinger im Thüringer Becken.

Landgräfin Jutta, Gattin Ludwigs des Eisernen, hatte sie als stattliche Residenz mit Palas, Wohnturm, Burgtor und

starker Ringmauer errichten lassen. 1180 besiegte Heinrich der Löwe in der Schlacht bei Weißensee zwar Landgraf Ludwig III., musste sich aber wenig später Kaiser Barbarossa beugen. Trotz bewegter Geschichte und zahlreicher Umbauten ist die Burg bis heute als Symbolort der Landgrafen und eine der größten romanischen Burganlagen in Deutschland erhalten geblieben.

Ludwig IV. und die Heilige Elisabeth

Ludwig IV., der Heilige (1217–1227), Sohn Hermanns I., ist vor allem als Gemahl der Heiligen Elisabeth in Erinnerung geblieben. Seine relativ kurze, als erfolgreich und gerecht in Erinnerung gebliebene Herrschaft sicherte aber auch die Stellung der Landgrafen auf dem Zenit ihrer Machtentfaltung mit nochmals ausgreifender Territorialpolitik. Ludwig selbst ist als Musterbild von Tugend und Tapferkeit in die Sagenwelt eingegangen. Trotz tiefer Gläubigkeit und fürstlicher Milde gegenüber bezwungenen Gegnern trat er mit Nachdruck für seine Rechte und die seiner Untertanen ein. Einem Krämer soll er sogar seinen geraubten Esel zurückbeschafft haben. Seine „Tapferkeit war die eines Helden“, so Ludwig Bechstein. Eindrucksvoll hat dies die Sage vom Löwen auf der Wartburg ins Bild gesetzt. Der sei eines Tages aus seinem Käfig ausgebrochen, in dem das Wappentier der Ludowinger gehalten wurde. Ludwig sei ihm darauf unbewaffnet mit fester Stimme entgegengetreten und habe den Löwen gebändigt.

Grabplatte von Ludwig IV. (Abguss)

Noch nachhaltiger weit über Thüringen und Deutschland hinaus in Erinnerung geblieben ist die Gemahlin Ludwigs IV., Elisabeth von Thüringen (1207–1231). Sie verdeutlicht den hohen Rang der Landgrafen, die mit einem weiteren mächtigen europäischen Königshaus familiäre Bande knüpfen konnten. Dies diente wohl auch der strategischen Absicherung der Ludowinger in den staufisch-welfischen Thronkämpfen. Die vierjährige Tochter von König Andreas II. von Ungarn und dessen Gemahlin Gertrud von Andechs-Meranien kam 1211 als zukünftige Landgräfin an den Hof Hermanns I. auf der Wartburg. Eine mit hohen Adligen aus Thüringen besetzte Gesandtschaft hatte mit der kleinen Prinzessin zugleich eine reiche Aussteuer aus Ungarn mitgebracht. Jener sagenhafte „Brautschatz" wird bei Bechstein ausführlich beschrieben: „große Gefäße aus Gold und Silber, die werthvollsten Diademe, Schmucksachen, Ringe, zahlreiche Kleider von Sammt und Goldstoff, und kostbare Geräthe, auch die goldene Wiege des Kindes, und einstweilen tausend Mark Goldes".

Auf dem Weg zur Wartburg befindet sich die Skulptur der heiligen Elisabeth

Die Verlobte des künftigen Landgrafen fiel schon bald durch ihre Neigung zu Askese und karitativem Wirken im Geiste des Franziskus von Assisi auf. Daran änderte sich auch nach der Hochzeit und dem Amtsantritt ihres Gatten als Landgraf nichts. Das fand am Hof viel Missbilligung, weil Elisabeth damit gegen die gesell-

Die Elisabethkirche in Marburg

Goldschrein Elisabethkirche Marburg

schaftlichen Konventionen ihrer Zeit verstieß. Man geht sogar davon aus, dass die junge Frau gerade an dem besonders prachtvollen und damit auch auf Kosten der Bevölkerung verschwenderischen Hof Hermanns I. das Armutsideal verinnerlicht haben könnte. Während die Thüringer in jener Zeit nicht zuletzt wegen der zahlreichen Kriege oft unter elenden Bedingungen leben mussten, dichtete Walther von der Vogelweide zum Treiben auf der Wartburg, *Tag und Nacht sei ein Kommen und Gehen, der Lärm am Hofe ohrenbetäubend, und selbst wenn das Fuder Wein tausend Pfund koste, würde dort nie eines Ritters Becher leer stehen.*

Die immer deutlicher werdende Haltung Elisabeths entsprach zudem einer religiös-gesellschaftlichen Umbruchstimmung, die etwa in der rasanten Verbreitung der Bettelorden der Franziskaner und Dominikaner ihren Ausdruck fand. Die ersten Konvente entstanden in Thüringen mit Erfurt beginnend ab 1225, wohlwollend gefördert von der Landgräfin. Deren Wirken erinnert auch an die um 1200 erstmals auftretenden Beginen, die als religiöse Frauen ohne festes Gelübde klosterähnlich zusammenlebten.

Als Landgräfin versuchte sie die Not des Volkes zu lindern, indem sie beispielsweise 1226 in Abwesenheit ihres Gatten die landgräflichen Kornspeicher während einer Hungersnot öffnen ließ. Nach dem frühen Tode ihres Mannes auf dem Kreuzzug 1227 verschrieb sich Elisabeth schließlich ganz dem Dienst an Armen und Kranken. Von der Wartburg durch Ludwigs Bruder und Nachfolger Heinrich Raspe mit ihren Kindern vertrieben, folgte sie ihrem Beichtvater und geistlichen Leiter Konrad nach Marburg. Nach drei Jahren harter

Arbeit in dem von ihr gegründeten Hospital verstarb Elisabeth bereits 1231. Die wenig später vom Deutschen Orden über ihrer Grabstätte errichtete Marburger Elisabethkirche wurde zu einem der bedeutendsten Wallfahrtsorte des späten Mittelalters. Das Bildprogramm des prächtigen Goldschreins mit den Gebeinen und die Glasfenster zeigen Begebenheiten aus dem Leben der Heiligen.

Elisabeth galt schon den Zeitgenossen als Musterbild selbstlosen Christentums, das freilich von religiösen Übersteigerungen nicht frei war. Mit der raschen Heiligsprechung 1235 stieg sie zu einer der populärsten Heiligen Europas auf, die bis heute ihre Faszination nicht verloren hat. Zahllose Schriften, Reliquien, Kunstwerke, Denkmale und Namensverleihungen legen hiervon Zeugnis ab. In der katholischen Welt eine der meist verehrten Heiligen, wird ihr auch von Seiten der evangelischen Kirche Anerkennung gezollt. Hierzu trug Reformator Martin Luther selbst wesentlich bei. Er hat, trotz seiner grundsätzlichen Ablehnung der Heiligenverehrung, Elisabeths christlichen Lebenswandel und ihr Wirken in der Armenfürsorge als vorbildlich gewürdigt. Dies führte wiederum

Ludwig IV. und die heilige Elisabeth,
Denkmal an der Runneburg

dazu, dass sich die Heilige später in den Bedeutungskreis der nationalprotestantischen „Lutherburg" Wartburg einfügen konnte.
Elisabeth von Thüringen ist auch ein klassisches Beispiel, wie sich die Sage mit viel Fantasie einer realen historischen Persönlichkeit angenommen hat. Viele der schon aus ihrem zeitgenössischen Umfeld stammenden biografischen Schilderungen, beginnend mit dem *Libellus* (1236) des Erfurter Dominikanermönches Dietrich von Apolda, sind unter dem Blickwinkel der Heiligsprechung entstanden und mit quellenkritischer Vorsicht zu genießen. Umso mehr gilt dies für den hieraus hervorgegangenen Sagenkreis. Das war natürlich auch den Sagensammlern des 19. Jahrhunderts schon bewusst. Ludwig Bechstein schreibt hierzu: „Selten ward ein Menschenleben so von Poesie und Sage verklärt, wie das der jungen ungarischen Prinzessin Elisabeth. [...] Aus den Kranze Elisabeths, der sich ihr in die Heiligenglorie verwandelte, pflückt die Geschichtsforschung manches Blatt, und legt es still beiseite; die Sagenforschung hat das schöne Vorrecht, jenen unsterblichen Kranz in voller Frische und ungeschmälert aufzubewahren."

Aus jenem Kranz sei hier die bekannte Rosensage ausgewählt, die die von zahlreichen göttlichen Wundern begleitete Barmherzigkeit Elisabeths preist. Darüber hinaus gibt es eine ganze Reihe von sagenhaften Erzählungen, die buchstäblich von der Wiege bis zur Bahre der Königstochter reichen. Während des Sängerkrieges auf der Wartburg soll der ungarische Zauberer Klingsor ihre Geburt im fernen Ungarnland verkündet und die spätere Vermählung mit dem thüringischen Prinzen zur Freude des Landgrafen und seines Anhanges prophezeit haben. Von den Begebenheiten als Verlobte und Gattin des Landgrafen über die unglückliche Witwe bis hin zu ihrem selbstlosen Wirken im Marburger Hospital reicht die Überlieferung. Ihr Tod mit gerade einmal 24 Jahren wird durchaus kritisch auch Konrad von Marburg zugeschrieben, der völlige Weltentsagung verlangte und sich in seinem „geistlichen Hochmuthe" bis hin zu körperlichen Misshandlungen an der jungen Frau verstieg. Andererseits hat er die rasche Heiligsprechung wesentlich mit vorangetrieben.

Die Rosensage der Heiligen Elisabeth

Als einmal eine schlimme Hungersnot über Thüringen ausgebrochen war, ging Elisabeth häufig mit ihren Jungfrauen von der Wartburg nach Eisenach und verteilte unter den Bedürftigsten Lebensmittel, um dort die größte Not zu lindern. Das wurde von einigen am Hofe nicht gern gesehen. Sie hinterbrachten dem Landgrafen, dass seine Gemahlin die Vorräte der Wartburg unter dem hungernden Gesindel der Stadt verteile. Als Elisabeth mit ihren Jungfrauen wieder einmal mit Körben voller Speisen von der Wartburg herabstieg, kam ihr der Landgraf entgegen. „Was trägst du in dem Korb unter deinem Mantel?" fragte er barsch.

„Ach Blumen!“ entgegnete Elisabeth verlegen. „Lasst sehen!“ sprach der Landgraf und zog das Gewand beiseite. Dabei wurden die Speisen aber zu roten Rosen, die nun den ganzen Korb füllten. Elisabeth konnte vor Schreck kein Wort mehr sprechen und der Landgraf ging beschämt von Dannen. Seither verteidigte er seine Frau gegenüber Missgünstigen und ließ sie gewähren, wenn sie Armen und Kranken Gutes tun wollte.

Die Creuzburg

Die Creuzburg oberhalb der gleichnamigen Stadt an der Werra war wie die Wartburg, Neuenburg und Runneburg eine wichtige Residenz der Ludowinger, die ihren Aufenthaltsort im Sinne der üblichen Reiseherrschaft ohne feste Hauptstadt regelmäßig änderten. Landgraf Ludwig der Eiserne hatte den strategisch wertvollen Ort am Fluss-

Die Creuzburg

übergang einer alten Handelsstraße nur 20 km nördlich der Wartburg 1170 auf Vermittlung Kaiser Barbarossas vom Kloster Fulda erworben. Sofort begannen die Ludowinger mit dem Bau einer typischen Ringburganlage mit Palas und Wohnturm. Die „Schwesterburg" der Wartburg erlebte unter den Landgrafen ihre Blütezeit und galt als ein Lieblingsort der Heiligen Elisabeth, an die die Elisabeth-Kemenate erinnert. Obwohl später mehrfach baulich überformt, strahlt die Burg noch immer als imposanter hochmittelalterlicher Herrschaftsbau oberhalb der einstigen Landgrafenstadt ins Umland aus.

Das Ende der ludowingischen Landgrafschaft

Unter Ludwigs Bruder und Nachfolger Heinrich Raspe (1227–1247) schien die Landgrafschaft nochmals an Macht zu gewinnen. Ludwigs Sohn

Schild Konrads; ausgestellt im Marburger Schloss

und designierter Landgraf Hermann II. war mit einer Tochter des Stauferkaisers Friedrich II. verheiratet. Heinrich Raspes Bruder Konrad stieg 1239 zum Hochmeister des in Thüringen reich begüterten Deutschen Ordens auf. Er übernahm das Amt von Hermann von Salza, einem einflussreichen Vertrauten Friedrichs II., der vermutlich einem Ministerialengeschlecht der Ludowinger bei Bad Langensalza entstammte. Auf Konrad, der den hessischen Herrschaftsbereich der Ludowinger übernahm, geht auch das älteste erhaltene Schild mit dem Landgrafenwappen zurück, das heute im Marburger Schloss zu sehen ist. Es zeigt neben dem Löwen noch unten links stolz das Wappen des Ordenshochmeisters, ein schwarzes Kreuz auf weißem Grund.

1226 hatte Ludwig IV. zudem die Vormundschaft und Eventualbelehnung für seinen Neffen Heinrich erhalten, den unmündigen wettinischen Markgrafen von Meißen. Allerdings sollten sich die Vorzeichen im Verhältnis von Ludowingern und Wettinern komplett ändern. Während Konrad 1240 und Hermann II. 1241 schon früh verstarben, blieben auch die drei Ehen Heinrich Raspes

kinderlos. Daraufhin setze Heinrich Raspe 1243 die Eventualbelehnung seines Neffen Heinrich von Meißen durch.
Die Erhebung des Landgrafen zum deutschen König 1246 bedeutete daher keinen krönenden Gipfelpunkt in der Geschichte der Ludowinger. Heinrich Raspes vom Papst und Mainzer Erzbischof gestütztes Gegenkönigtum konnte sich gegen Friedrich II. nicht durchsetzen. Das Grabdenkmal Erzbischof Siegfrieds III. von Mainz zeigt den von ihm gekrönten thüringischen „Pfaffenkönig" bezeichnender Weise in symbolisch verkleinerter Gestalt. Schon 1247 erlosch mit dem Tode Heinrich Raspes das Ludowingergeschlecht im Mannesstamm. Ein blutiger Erbfolgekrieg endete 1264 mit der Teilung ihrer Herrschaft. Die Landgrafschaft Thüringen und die Pfalzgrafschaft Sachsen fielen an Markgraf Heinrich den Erlauchten von Meißen, die hessischen Besitzungen an Sophie von Brabant, Tochter der Heiligen Elisabeth. Sophies Sohn Heinrich wurde 1247 zum Begründer der Landgrafschaft Hessen, die 1292 den Reichsfürstenstand erlangte.

Erzbischof Siegfried III. von Eppstein, ältestes Grabdenkmal im Mainzer Dom

Mit dem Aussterben der Ludowinger endete so auch die enge herrschaftliche Verzahnung von Hessen und Thüringen. Dennoch erinnern etwa die sehr ähnlichen Landeswappen der beiden heutigen Bundesländer, jeweils auf den ludowingischen Löwen der Landgrafen zurückgehend, an die gemeinsamen historischen Wurzeln. Die Wettiner banden Thüringen nunmehr in ihren mächtigen Herrschaftskomplex ein, der an der Schwelle zur Neuzeit große Teile Mitteldeutschlands umfasste. Der von ihnen weiterhin geführte Titel der Landgrafen von Thüringen trat spätestens im 15. Jahrhundert hinter die Kurfürsten- und Herzogswürde von Sachsen zurück. Dennoch haftet der Region nicht zuletzt dank der ludowingischen Landgrafen und der sich um sie rankenden Sagen bis heute der Name Thüringen an.

Die Ludowinger

Ludwig der Bärtige (†1056 oder 1080)

Ludwig der Springer (†1123)

Ludwig I. (†1140),
Landgraf von Thüringen 1131–1140

Ludwig II., der Eiserne (1128–1172),
Landgraf von Thüringen 1140–1172

Ludwig III., der Fromme (1151–1190),
Landgraf von Thüringen 1172–1190

Hermann I. (1155–1217),
Landgraf von Thüringen 1190–1217 (Bruder von Ludwig III.)

Ludwig IV., der Heilige (1200–1227),
Landgraf von Thüringen 1217–1227
(Ehemann der heiligen Elisabeth)

Hermann II. (1222–1241),
Landgraf von Thüringen 1227–1241

Heinrich Raspe (1204–1247),
Landgraf von Thüringen 1241–1247 (Bruder von Ludwig IV.)

Elisabethkemenade auf der Wartburg

Literaturhinweise

- Ludwig Bechstein: Thüringer Sagenbuch. Gesamtausgabe von 1858 in zwei Bänden (Reprint). Bad Langensalza 2002 (4. Aufl. 2014).
- Dieter Blume/Matthias Werner (Hg.): Elisabeth von Thüringen – eine europäische Heilige. 2 Bände. Petersberg 2007.
- Christine Müller: Landgräfliche Städte in Thüringen. Die Städtepolitik der Ludowinger im 12. und 13. Jahrhundert. Köln/Weimar/Wien 2003.
- Hans Patze und Walter Schlesinger: Geschichte Thüringens. Band 2, Teil 1. Köln/Wien 1974.
- Steffen Raßloff: Kleine Geschichte Thüringens. Ilmenau 2017.
- Steffen Raßloff: Geschichte Thüringens. München 2010.
- Steffen Raßloff: Mitteldeutsche Geschichte. Sachsen–Sachsen-Anhalt–Thüringen. Leipzig 2016.
- Günter Schuchardt: Welterbe Wartburg. Regensburg 2001 (8. Aufl. 2013).
- Hilmar Schwarz: Die Ludowinger. Aufstieg und Fall. Eisenach 1993.

Die Rhino Westentaschen-Bibliothek

033 Das kleine Ostseemöwen-Buch
034 Sojourns an Sayings of Marthin Luther
035 iga, egapark, BUGA – Blumenstadt Erfurt
036 Heil- und Kräuterschnäpse
037 Kleines Thüringer Bierbuch
038 Friedrich Fröbel – Stationen seines Lebens und Wirkens
039 Großvaters Handwerkstipps
040 Weisheiten für den Gartenfreund
041 Kleines Ringelnatz-Buch
042 Das kleine Waldbeerenbuch
043 Das kleine Hochzeitsbuch
044 Thomas Müntzer – Stationen seines Lebens und Wirkens
045 Kleine Geschichte der Stadt Erfurt
046 Kleine Geschichte der Stadt Gotha
047 Auf den Spruch geklopft
048 Der Harz von A bis Z
049 Das kleine Strandbuch
050 Ilmenau von A bis Z
051 Futtern wie bei Luthern
052 bauhaus
053 Bibelsprüche

054 Das kleine Buch der Wettiner
055 Thüringer Landgrafen – Geschichte und Sagenwelt
056 Kleine Geschichte Thüringens
057 Der Rasende Roland
058 kreuz & quer ged(l)acht
059 Das kleine Buch der Thüringer Klöster
060 Wiederentdeckte Kräuter

Neuerscheinungen Sommer 2017

RHINOVERLAG

RHINOVERLAG

Rhino Westentaschen-Bibliothek

Steffen Raßloff

Kleine Geschichte Thüringens

Band 56 • 978-3-95560-056-3

Format: 8 cm x 11,5 cm • 96 Seiten